YO SOY EL TIGRE

Steve Macleod

www.av2books.com

This **AV²** media enhanced book gives you a fully bilingual experience between English and Spanish to learn the vocabulary of both languages.

English

Spanish

AV² Bilingual Navigation

CHANGE LANGUAGE
ENGLISH SPANISH
LANGUAGE TOGGLE

BACK NEXT **PAGE TURNING**

(X) **CLOSE**

HOME

PAGE PREVIEW

Tengo pelo que funciona como un impermeable.

Copyright©2013 AV2 By Weigl. Library of Congress Cataloging-in-Publication Data is located on page 24.

YO SOY EL TIGRE

En este libro, te voy a enseñar sobre

- **mí mismo**

- **mi comida**

- **mi hogar**

- **mi familia**

¡y mucho más!

3

Soy un tigre.

4

Soy el gato (o felino) más grande del mundo.

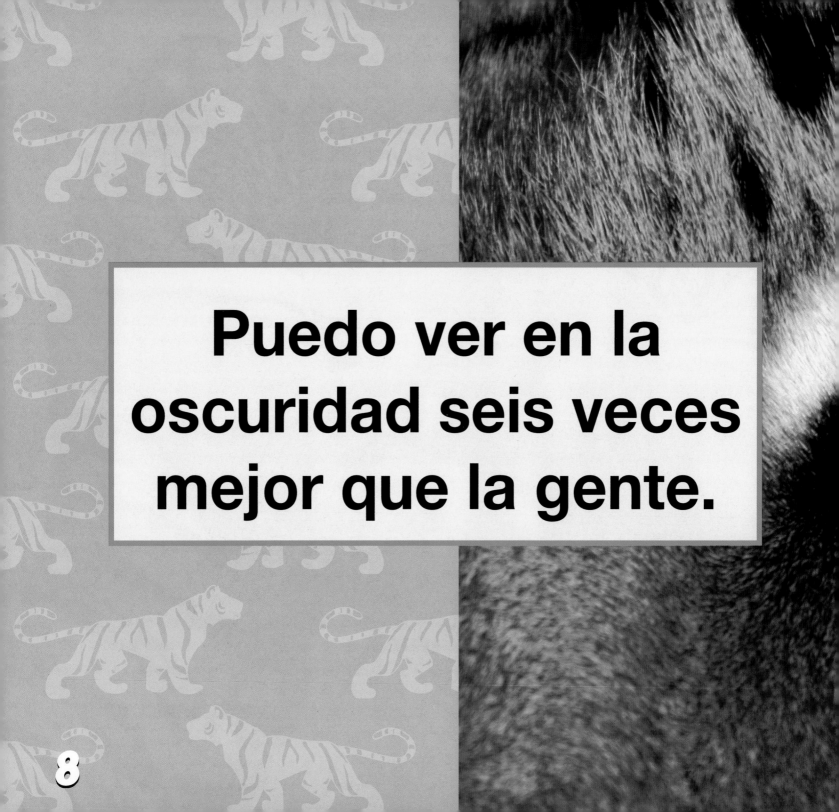

Puedo ver en la oscuridad seis veces mejor que la gente.

Puedo saltar de un lado de la calle al otro lado.

11

Como hasta 77 libras de alimentos en una comida.

13

Escondo el alimento que no termino.

Tengo un rugido que la gente puede oír desde dos millas de distancia.

Duermo bajo los árboles o en el agua.

18

19

**Tengo lindas rayas
(o franjas) en mi piel.**

Soy un tigre.

DATOS SOBRE LOS TIGRES

Esta página proporciona más detalles acerca de los datos interesantes que se encuentran en este libro. Basta con mirar el número de página correspondiente que coincida con el dato.

Páginas 4–5

Soy un tigre. Vivo en los bosques, pantanos y llanuras de Rusia y Asia. Tengo rayas negras que cubren mi cuerpo, cabeza y cola (que tiene anillos negros). Cada tigre tiene su dibujo único. Dos tigres no tienen las mismas rayas.

Páginas 6–7

Los tigres son los gatos más grandes del mundo. Aún más grandes que los leones. El más grande puede medir hasta 13 pies (4 metros) de largo, incluyendo su cola, y pesar unas 660 libras (300 kilos), que es el peso de 2,200 pelotas de béisbol.

Páginas 8–9

Los tigres pueden ver en la oscuridad 6 veces mejor que la gente. Entra más luz a los ojos de un tigre que a los ojos de una persona. Eso les ayuda a ver de noche. Cuando cazan de noche se pueden acercar a otros animales disimuladamente.

Páginas 10–11

Los tigres pueden saltar de un lado al otro de la calle. Esa es una distancia de 33 pies (10 metros). Se esconden en hierbas altas o a la sombra, y saltan desde su escondite para atrapar a otros animales.

Los tigres pueden comer 77 libras (35 kilos) de alimento en una comida. Es como el peso de un perro pastor alemán. Los tigres comen mucha comida a la vez porque pasa mucho tiempo entre comidas. Un tigre puede intentar de 10 a 20 veces hasta finalmente atrapar su comida. Esto puede llevarle varios días o, a veces, una semana.

Los tigres esconden la comida que no terminan. Lo hacen bajo hojas, ramas y piedras para que otros animales no se la roben y ellos puedan comer más cuando tengan hambre nuevamente.

El rugido de los tigres se oye a una distancia de 2 millas (3 kilómetros), la distancia de 35 canchas de fútbol americano o 40 cuadras de una ciudad. Ruge fieramente después de atrapar a un animal grande. El rugido es diferente para decir diferentes cosas. También se hablan el uno al otro maullando, con sonidos sibilantes, ronroneando y gruñendo.

Los tigres descansan bajo los árboles o en el agua. Eso les ayuda a mantenerse frescos y ahorrar energía. Necesitan ahorrar energía para no tener que comer tanto. Principalmente descansan durante el día y pueden dormir hasta 20 horas diarias.

Los tigres tienen rayas en su piel. Por muchos años los cazaron por su piel y otras partes de su cuerpo. Ahora son una especie en peligro de extinción. Muchos países han creado leyes para protegerlos. Ahora quedan unos 3,200 tigres en el mundo.

Check out av2books.com for your interactive English and Spanish ebook!

Tengo pelo que funciona como un impermeable.

8

1 Go to av2books.com

2 Enter book code U 6 0 0 3 2 0

3 Fuel your imagination online!

www.av2books.com

Published by AV² by Weigl
350 5th Avenue, 59th Floor New York, NY 10118
Website: www.av2books.com   www.weigl.com

Library of Congress Cataloging-in-Publication Data

Macleod, Steve.
 [I am a Tiger. Spanish]
 Soy el tigre / Steve Macleod.
    p. cm. -- (Soy el)
 ISBN 978-1-61913-179-8 (hardcover : alk. paper)
 1. Tiger--Juvenile literature. I. Title.
 QL737.C23M184718 2012
 599.756--dc23
                                    2012018711

Printed in the United States of America in North Mankato, Minnesota
1 2 3 4 5 6 7 8 9 0 16 15 14 13 12

062012
WEP100612

Senior Editor: Heather Kissock
Art Director: Terry Paulhus

Weigl acknowledges Getty Images as the primary image supplier for this title.